Georg Cornelissen

Wie spricht der Niederrhein?

Dat Quiz mit noch
mehr Fragen

leseZeichen
greven verlag köln

© Greven Verlag Köln GmbH, 2014
Gestaltung: Thomas Neuhaus, Billerbeck
Umschlagfoto: Dorothé Straßburger, Krefeld
Lektorat und Satz: Thomas Volmert, Köln
Gesetzt aus der FS Lola
Druck und Bindung: Friedrich Pustet GmbH & Co KG, Regensburg
Papier: Munken Premium Cream und Peydur lissé (Umschlag)
Alle Rechte vorbehalten.
ISBN 978-3-7743-0619-6

Detaillierte Informationen über alle unsere Bücher finden Sie unter:
www.Greven-Verlag.de

Inhalt

Wie spricht der Niederrhein?
Das Quiz

Der Fluch hat en bissken zu lang gedauert. – Ich wa sowwat von am schwitzen. – Da kannze ma sehn! Es sind Sätze wie diese, die für das niederrheinische Deutsch typisch sind. Mit dem Platt der Region sind sie nicht zu verwechseln, und zum Hochdeutschen gibt es unübersehbare bzw. unüberhörbare Unterschiede. „Regiolekt" wird diese sprachliche Zwischenform auch genannt. Sprechen tun so – oder so ähnlich – fast alle am Niederrhein.

In dem Buch „Der Niederrhein und sein Deutsch" stelle ich diese regionale Sprachform an vielen Satz- und Wortbeispielen vor. Erklärt wird dort auch, wer wie mit wem spricht. Das kleine Quiz „Wie spricht der Niederrhein?" ist als *Büchsken* zu diesem Buch konzipiert. Es enthält Fragen nach dem bekannten ABCD-Muster. Wer einmal seine niederrheinischen Sprachkenntnisse ausloten möchte – *dat Büchsken* enthält einen Schnelltest. Es wendet sich an Einheimische wie Zugezogene, zumindest dann, wenn sie mit dem hiesigen Deutsch sympathisieren.

Das LVR-Institut für Landeskunde und Regionalgeschichte (ILR) beschäftigt sich mit beiden Formen der landschaftlichen Sprache: mit dem Platt (also dem Dialekt) und mit dem Regiolekt. Platt ist jene Sprache, die man nur versteht, wenn man mit ihr aufgewachsen ist. Dagegen erschließt sich der

Regiolekt, um den es in diesem Quiz geht, sehr viel leichter: Sätze wie *Man kann ebm nich alles im Kopp haben* oder *Dat hasse schön gesacht* setzen keine Platt-Kenntnisse voraus.

Die ILR-Sprachabteilung hat in den vergangenen Jahren immer wieder Fragebogenerhebungen zur Sprache am Niederrhein durchgeführt, vielleicht haben Sie ja sogar einmal mitgemacht! Die jüngsten Befragungen datieren aus den Jahren 2011, 2012 und 2013. Einzelne Ergebnisse daraus sind in das Quiz eingeflossen.

Die Quizfragen können Sie unterwegs oder zu Hause, im Zug oder in der Badewanne beantworten – aber es muss nicht unbedingt im Alleingang sein. Vielleicht fragen Sie – an einem geeigneten Ort – auch einmal Ihren Nachbarn oder dessen Frau. Oder Sie gehen mit dem *Büchsken* zu Opa und Oma. Beziehen Sie ruhig Ihre Kinder mit ein. Denn anders als Platt gehört die Regionalsprache auch zum Repertoire junger Niederrheiner und Niederrheinerinnen. Allerdings klingt sie bei Jugendlichen nicht so wie bei Senioren! Wörter wie *bissken* oder *plästern* sind für junge Leute nicht in gleicher Weise selbstverständlich. Und wenn die Großeltern noch *Söller* oder *Speicher* sagen, sprechen ihre Enkel heute vielleicht schon vom *Dachboden. So gehdet weiter.*

Dat Quiz passt also zu jedem Alter. Wer zwischen Kleve und Düsseldorf zu Hause ist und sich für die eigene Sprache interessiert, der müsste hier eigentlich auf seine Kosten kommen. Und wenn Sie nach der Beantwortung von Frage 75 Lust auf mehr verspüren, dann sei Ihnen „Der Niederrhein und sein Deutsch" empfohlen, sozusagen als *Buch zum Büchsken.*

tschüsskes sagt   Georg Cornelissen

Abschiedsgrüße (1)

Welcher der Abschiedsgrüße hat seine Wurzeln im Spanischen?

A tschö

B ciao

C tschüss

D schökes

Antwort C

Tschö wie auch *schökes* sind dem französischen *adieu* zu verdanken; *tschüss* geht wohl auf das spanische *adiós* zurück. *ciao* ist natürlich italienisch.
Siehe auch Fragen 48 und 75.
„Der Niederrhein und sein Deutsch", S. 150.
Möller: Das rheinische *tschö*.

Stutenkerl/Weckmann

In welchem der vier Orte ist die Bezeichnung *Stutenkerl* mindestens ebenso gut bekannt wie Weckmann?

A **Kevelaer**

B **Dinslaken**

C **Neuss**

D **Mönchengladbach**

„Der Niederrhein und sein Deutsch", S. 85.

Siehe auch Frage 17.

Stutenkerl kommt vor allem im Osten, also im Rechtsrheinischen, vor, wo auch Dinslaken liegt.

Antwort B

jemanden untertauchen
(z. B. im Freibad)

Welches der Wörter ist im Raum Kleve-Wesel für diese bei
Kindern beliebte Aktion beheimatet?

A zoppen

B döppen

C tunken

D ducken

Antwort B

Am nördlichen Niederrhein, also auch im Raum Kleve-Wesel,
dominiert *döppen*, in Mönchengladbach *zoppen*. Die beiden
übrigen Synonyme kommen seltener vor.
„Rheinisches Deutsch", S. 113.

Söller/Speicher

In vielen niederrheinischen Orten nennt man die oberste, unter dem Dach gelegene und nicht bewohnte Etage eines Hauses *Söller*. In welchem der vier Orte ist eher *Speicher* als *Söller* zu hören? (Junge Leute ausgeklammert.)

A **Duisburg**

B **Kalkar**

C **Rheinberg**

D **Straelen**

Antwort A

Das Wort *Söller* befindet sich auf dem Rückzug. Vergleichsweise gut behauptet es sich in der Nähe der niederländischen Grenze. In Duisburg sagt man eher *Speicher*.

"Der Niederrhein und sein Deutsch", S. 65.

der/die/dat Triangel

Welches Wortgeschlecht hat Triangel am Niederrhein in der Regel?

A der Triangel

B die Triangel

C dat Triangel

D der – die Triangel (gleich oft)

Antwort B

In vielen Wörterbüchern wird für das in Deutschland gesprochene Hochdeutsch als einziges Wortgeschlecht das Maskulinum (*der Triangel*) angeführt. Am Niederrhein sagen die meisten Menschen allerdings *die Triangel*.

„Der Niederrhein und sein Deutsch", S. 93.

ein Hüpfspiel

Am Niederrhein ist *hinkeln* eine weit verbreitete Bezeichnung für ein Hüpfspiel. Welche Bezeichnung ist dafür in Ratingen bei Düsseldorf besonders gut bekannt? (Jugendliche ausgeklammert.)

A   **hinkeln, Hinkekästchen**

B   **hicken, Hickekästchen**

C   **Hoppelkästchen, hoppeln**

D   **Hüppekästchen, hüpfen**

„Der Niederrhein und sein Deutsch", S. 99.

Hoppelkästchen, hoppeln ist frei erfunden. In Ratingen *hicken* die Kinder.

Antwort B

hippelig

Der „Spiegel" zitierte am 5. September 2005 einen aus Duisburg stammenden Bauunternehmer, der von jungen Frauen als „hippeligen Mädels" sprach. Was bedeutet *hippelig*?

A modern (hip)

B Hippie (Hippie-Mädels)

C zappelig

D einer Ziege ähnelnd

„Der Niederrhein und sein Deutsch", S. 114.

Ziege; allerdings ist *zappelig* die richtige Antwort.

Zwar kennen einige Dialekte die Bezeichnung *Hipp* für die

Antwort C

Regenrinne

Welche Bezeichnung für die Regenrinne am Hausdach wird in Kleve bevorzugt gebraucht? (Junge Leute ausgeklammert.)

A   **Regenrinne**

B   **Traufrinne**

C   **Dachkalle**

D   **Dachrinne**

Antwort D

Dachkalle kommt eher am südlichen Niederrhein vor. *Dachrinne* ist in Kleve geläufig. *Traufrinne* ist kein Wort der niederrheinischen Umgangssprache.

„Der Niederrhein und sein Deutsch", S. 70.

Xanten

Mit welcher Aussprache des Ortsnamens Xanten ist am Niederrhein kaum zu rechnen?

A   **Ksanten**

B   **Saante**

C   **Tsanten**

D   **Tschanten**

Ksanten entspricht der hochdeutschen Aussprache (*Xanten*); *Saante* ist im Dialekt zu hören, hier *Zanten*, *Xanten* geschrieben, ist im niederrheinischen Deutsch gebräuchlich.

„Der Niederrhein und sein Deutsch", S. 53.

Antwort *D*

Purzelbaum

Wie lautet in Oberhausen die ortstypische Bezeichnung für einen ‚Purzelbaum'?

A **Koppheister**

B **Kuckelebaum**

C **Tummeloit**

D **Kusselkopp**

In Oberhausen kennt man, wie am übrigen Niederrhein, den *kusselkopp.*

ILR-Sprachfragebogen 7 (2002).
Eichhof: Wortatlas der deutschen Umgangssprachen 3, Karte 24.
Honnen: Kappes, Knies und klüngel, S. 137.

Antwort D

schulische Hausaufgaben

Es gibt verschiedene Bezeichnungen für die schulischen Hausaufgaben im niederrheinischen Deutsch. Welches der folgenden vier Wörter ist in Duisburg besonders selten zu hören? (Jugendliche ausgeklammert.)

A **Schularbeiten**

B **Hausarbeiten**

C **Schulaufgaben**

D **Hausaufgaben**

Antwort B

Bei einer Fragebogenerhebung kam in Duisburg *Hausauf-gaben* auf den ersten Platz (39 Ja-Kreuzchen); die übrigen Ergebnisse: *Schularbeiten:* 31, *Hausarbeiten:* 4, *Schulaufga-ben:* 8. Damit kommt *Hausarbeiten* als Antwort in Betracht.
ILR-Sprachfragebogen 8 (2005).
„Der Niederrhein und sein Deutsch", S. 77.

piekfein gekleidet

Welches der Wörter hat die Bedeutung ‚prächtig, piekfein gekleidet'?

A   **staatlich**

B   **staats**

C   **strack**

D   **strackig**

Honnen: Kappes, Knies und Klüngel, S. 227, 229.

Antwort lautet *staats*.

strack heißt ‚betrunken'; *strackig* ist erfunden; die richtige

***Antwort* B**

betrunken

Welches der Wörter, die alle ‚betrunken' bedeuten, wird am
Niederrhein in dieser Bedeutung nicht verwendet?

A **breit**

B **knülle**

C **rußig**

D **satt**

Zehetner: Bairisches Deutsch, S. 286.
Rheinisches Mitmachwörterbuch.

man in Bayern.

breit, knülle und *satt* kennt man am Niederrhein, *rußig* sagt

Antwort *C*

auf Jück

Welche der Varianten für auf *Jück* kennt man am Niederrhein nicht?

A auf Schlür

B auf Jusch

C auf Trallafitti

D auf Schöcklebömm

Antwort A

In Gütersloh sagt man auf *Schlür*, die übrigen Ausdrücke sind am Niederrhein, wenn auch nicht überall gleichermaßen, zu hören.

„Der Niederrhein und sein Deutsch", S. 81.

Fitz (Fiets)

Fitz, manchmal auch *Fiets* geschrieben, nennt man in manchen Orten am Niederrhein das Fahrrad. In welchem der vier Orte wird *Fitz* am wenigsten gebraucht? (Junge Leute ausgeklammert.)

A   **Emmerich**

B   **Geldern**

C   **Moers**

D   **Nettetal**

Antwort C

Fitz, ein niederländisches Lehnwort, ist vor allem unmittelbar an der Grenze zu den Niederlanden bekannt. In dieser Zone liegen Emmerich, Geldern und Nettetal. In Moers hört man *Fitz* seltener.

„Der Niederrhein und sein Deutsch", S. 89.

Beinchen stellen

Welche Wendung ist am Niederrhein in dieser Bedeutung unbekannt?

A Fötchen hacken

B Füßchen höcken

C Füßchen halten

D Pütterken halten

Weckmann

Es geht um den ‚Weckmann'. Welches der Wörter ist keine
niederrheinische Bezeichnung für dieses Gebildbrot?

A **Piepenkerl**

B **Buckmann**

C **Stutenkerl**

D **Hansmann**

„Der Niederrhein und sein Deutsch", S. 85.

Siehe auch Frage 2.

kannt.

erfunden. *Stutenkerl* ist vor allem im Rechtsrheinischen be-

mann (im Raum Viersen-Mönchengladbach); *Hansmann* ist

Piepenkerl ist ein altes niederrheinisches Wort, ebenso *Buck-*

Antwort D

... an seinem Daumennagel

Wie heißt es in dem Kriminalroman „Gnadenthal" des niederrheinischen Autorentrios Leenders/Bay/Leenders?

A Kai piddelte an seinem Daumennagel.

B Kai knibbelte an seinem Daumennagel.

C Kai böttelte an seinem Daumennagel.

D Kai pöttelte an seinem Daumennagel.

2006, S. 28.
Leenders/Bay/Leenders: Gnadenthal. Kriminalroman. Reinbek bei Hamburg

"Rheinisches Deutsch", S. 82.
Rheinland sagt man *piddeln* oder *bötteln.*
also: „Kai knibbelte an seinem Daumennagel." Anderswo im
bearbeiten, zupfen'; zu lesen ist bei den drei Klever Autoren
Niederrheinisch *knibbeln* bedeutet ‚mit den Fingernägeln

Antwort B

hömmelig

Wenn Frau Schütt und Frau Korpok sich treffen, wird niederrheinisch gesprochen. Einmal meint Frau Korpok: „(...) dann
sind selbst de Menschen in Großbritannien doch schon wat
hömmelig". Welche Bedeutung hat *hömmelig*?

A pingelig

B mürrisch

C gebrechlich

D vorsichtig

Antwort C

Es geht bei dieser Außerung von Frau Korpok um die körperli-
che Verfassung Hundertjähriger, konkret um die Frage, ob Kö-
nigin Elisabeth II. mit 100 Jahren wohl immer noch regieren
wird. Die richtige Antwort ist *gebrechlich*. Autorin der Kolum-
ne auf der RP-Seite „Region Niederrhein" war Gabriele Krafft.

Honnen: Kappes, Kniesel und Klüngel, S. 95.
Zitiert aus der RP-Ausgabe vom 26. 4. 2006.

zwei ... Butter

In einem Text des Krefelder Kabarettisten Jochen Butz heißt
es: „Trotzdem sind zwei ... Butter immer noch en Pfund!" Welches Wort fehlt?

A Päcksken

B Päckskens

C Päckskes

D Päckchens

Zitiert nach: Dat kräohenbuch. krefeld o. J., S. 125.

„Der Niederrhein und sein Deutsch", S. 31.

Siehe auch Fragen 40, 60 und 64.

Fläschkes, Männekes, wie man sie auch bei Jochen Butz findet.

Typisch niederrheinisch sind die Mehrzahlformen *Päckskes,*

Antwort C

befreundet mit

Der aus Düsseldorf stammende Heinrich Spoerl ist der Autor des Romans „Der Maulkorb". Einem Düsseldorfer legt Spoerl einen Satz in den Mund, der so beginnt: „Herr Wachtmeister, da ist die Familie Spiegel von der Neußer Straße …". Wie lautet der zweite Teil des Satzes?

A … da waren wir früher einmal mit befreundet

B … damit waren wir früher einmal befreundet

C … mit denen waren wir früher einmal befreundet

D … wo wir früher einmal mit befreundet waren

Das „Maulkorb"-Zitat nach der Ausgabe München 1955 (im Verlag R. Piper & Co), S. 76.

ist die erste Version zu finden.

Alle vier Varianten sind am Niederrhein bekannt; bei Spoerl

Antwort A

Auto-Scooter

Zu einer Kirmes gehört ein Auto-Scooter. Wie nennt man dieses Fahrgeschäft am Niederrhein auch?

A **Autodrom**

B **Potzautos**

C **Knuppautos**

D **Selbstfahrer**

Elspaß/Möller: Atlas zur deutschen Alltagssprache, zweite Runde.

und *Knuppautos* u. a. in der Eifel bekannt.

Autodrom ist vor allem in Österreich, *Potzautos* in der Schweiz

Antwort *D*

knöttern

Welche Bedeutung hat dieses am Niederrhein bestens be-
kannte Wort?

A leise singen

B mit den Zähnen mahlen

C nörgeln

D knattern

Honnen: Kappes, Knies und Klüngel, S. 121.

knöttern hat mit *knattern* nichts zu tun; *nörgeln* passt.

Antwort C

Zug

Welche der Aussprachevarianten für ‚Zug‘ ist am Niederrhein am seltensten zu hören?

A **Zuuch**

B **Zuck**

C **Zuch**

D **Zuuk**

„Rheinisches Deutsch", S. 81.

breitet. *Zuck* ist die richtige Antwort.

Zuch, mit kurzem *u* gesprochen, ist am Niederrhein weit ver-

Antwort B

Bonbons

In Köln nennt man Bonbons *Kamelle*. Wie könnte man das Wort in niederrheinisches Deutsch übersetzen?

A **Bröckskes**

B **Klümpchen**

C **Ballekes**

D **Babbelkes**

„Rheinisches Deutsch", S. 89.
Niederrhein und in den Ruhrgebietsstädten.
derrhein. Die beiden übrigen Wörter kennt man am rechten
ist das nördliche, *klümpchen* das südliche Synonym am Nie-
In diesem Fall sind einmal alle Antworten richtig. *Bröckskes*

Antwort A, B, C, D

Schu-Wörter

Welches der Wörter kennt man in Bayern nicht?

A Schubkarren

B Schuffel

C Schussel

D Schusser

Zehetner: Bairisches Deutsch, S. 309/310.
Hummen: Kappes, Knies und Klüngel, S. 220.

rät für die Garten- und Feldarbeit genannt.

Schussel nennt man in Bayern eine ‚schusslige Person', *Schusser* bezeichnet dort eine ‚Murmel'. *Schuffel* lautet die richtige Antwort; so wird am Niederrhein ein bestimmtes Ge-

Antwort B

Plümmo

Welche Bedeutung hat dieses zumeist auf der ersten Silbe betonte Wort?

A   **Federbett**

B   **eine bestimmte Pflaumensorte**

C   **altes Sofa**

D   **Bommel**

Antwort A

Ein *Plümmo* ist kein *Plümmel*; *Plümmel* ist mancherorts die Bezeichnung für eine *Bommel* oder eine *Troddel*. *Federbett* lautet die richtige Antwort. Achtung Niederrheiner: *Bommel* ist im Hochdeutschen tatsächlich weiblich: *die Bommel!*

Eumann: Plümmo.
Honnen: Kappes, Knies und Klüngel, S. 177.

Sätze, die man nicht zu hören bekommt

Welchen Satz wird man am Niederrhein kaum zu hören bekommen?

A **Er ist am duschen.**

B **Er ist sich beim Duschen.**

C **Er ist sich am duschen.**

D **Er ist beim Duschen.**

„Der Niederrhein und sein Deutsch", S. 35.

Ohren.

duschen klingt dagegen ganz „normal" für niederrheinische

Er ist sich beim Duschen sagt wohl niemand. *Er ist am*

***Antwort* B**

Schluckauf

Welches der vier Wörter kennt man am Niederrhein, zumindest in Teilen des Niederrheins als Bezeichnung für einen ‚Schluckauf‘?

A Schnackerl

B der Schlucken

C Glucksi

D Hickepick

Honnen: Kappes, Knies und Klüngel, S. 93.
Eichhoff: Wortatlas der deutschen Umgangssprachen 1, Karte 5.

wort.

wird in der Schweiz verwendet. *Hickepick* lautet also die Antwort *Schnackerl* ist ein österreichisches Wort, *Schlucken (der Schlucken)* gehört in die neuen Bundesländer und *Glucksi*

Antwort D

nitt

Statt *nicht* hört man im niederrheinischen Deutsch auch *nich, nisch* oder *nitt.* In welchem der vier Orte wird *nitt* vergleichsweise häufig gebraucht?

A| **Düsseldorf**

B| **Kleve**

C| **Oberhausen**

D| **Wesel**

„Der Niederrhein und sein Deutsch", S. 112.

Nord ab, so dass hier Düsseldorf gesucht wurde.

Die Verwendungshäufigkeit von *nitt* nimmt von Süd nach

Antwort A

angeben, aufschneiden

Welches der Wörter ist am rechten Niederrhein unbekannt?

A prollen

B strunzen

C stüten

D prahlen

Antwort C

stüten kommt vor allem im Westen vor, nicht am rechten Niederrhein.

„Rheinisches Deutsch", S. 87.

Frage 32

Brötchen

Am Niederrhein sagt man *Brötchen*. Anderswo in Deutschland nennt man dieses Gebäck unter anderem *Weck*, *Rundstück* oder *Kipfle*. Wenn Sie diese drei Bezeichnungen von Nord nach Süd (a = Norden, d = Süden) ordnen, bei welchem Buchstaben ist dann das niederrheinische *Brötchen* unterzubringen?

A

B

C

D

Antwort B

Rundstück sagt (oder sagte) man in Schleswig-Holstein; das wäre a. *Weck* heißt es in der Eifel und weiter südlich, *kipfle* südlich des Mains; das wären c und d. Bei b ist dann *Brötchen* zu notieren.

Eichhoff: Wortatlas der deutschen Umgangssprachen 2, Karte 59.
Elspaß/Möller: Atlas zur deutschen Alltagssprache, neunte Runde.

I-...

Welche der vier Bezeichnungen für Erstklässler kann man am Niederrhein hören?

A I-Pänzchen

B I-Göckser

C I-Dippelsche

D I-Möppkes

„Der Niederrhein und sein Deutsch", S. 73, 75.

Eichhoff: Wortatlas der deutschen Umgangssprachen 3, Karte 22.

Siehe auch Frage 42.

kommen gelegentlich am Niederrhein vor.

Thüringen und I-Dippelche in Kaiserslautern. Die I-Möppkes

I-Pänzchen kennt man in der südlichen Eifel, I-Göckser in

Antwort *D*

ein Sprung ins Wasser

Welches der Wörter bezeichnet nicht einen bestimmten Sprung ins Wasser?

A **Hechtsprung**

B **Kopfsprung**

C **Köpi**

D **Köpper**

Köpper nennt man am Niederrhein den Kopfsprung, *Köpi* ist die Abkürzung einer Pils-Marke.

Honnen: Kappes, Knies und klüngel, S. 126/127.

Antwort C

Säcksken

Eine typisch regionale Verkleinerungsform ist *Säcksken*. In Düsseldorf kreuzten 2005 nur zwei Prozent der jugendlichen Gewährsleute auf einem Fragebogen *Säcksken* an. Der Prozentwert bei den Informanten über 64 Jahre lag deutlich höher. Wie hoch?

A   **39 Prozent**

B   **47 Prozent**

C   **61 Prozent**

D   **71 Prozent**

ILR-Sprachfragebogen 8 (2005).

Säcksken.

39 Prozent der Informanten machten ihr Kreuzchen bei

Antwort A

naschen

Welches niederrheinische Wort hat die Bedeutung ‚naschen, Süßigkeiten essen'?

A verticken

B schnuppen

C schnausen

D schlecken

„Der Niederrhein und sein Deutsch", S. 116.
„Rheinisches Deutsch", S. 86.
Honnen: Kappes, Knies und Klüngel, S. 212.
Elspaß/Möller: Atlas zur deutschen Alltagssprache, zweite Runde.

chen gehört nicht hierher, da es ,verkaufen' bedeutet.

mig südlich des Mains. Niederrheinisch ist *schnuppen; verti-*

der Schweiz, *schlecken* (in der Bedeutung ,naschen') großräu-

schnausen sagt man in der Eifel, auf dem Hunsrück und in

Antwort *B*

der/die/dat/das Auto

Welche Variante ist am Niederrhein nicht zu hören?

A der Auto

B die Auto

C dat Auto

D das Auto

Antwort B

der Auto kommt vor, heute aber nur noch selten; *dat* bzw. *das Auto* ist „normal". Nur *die Auto* sagt man nicht.

„Der Niederrhein und sein Deutsch", S. 92.

Back

Welche Bedeutung hat das niederrheinische Wort *Back*
nicht?

A   Gefängnis

B   Backhaus

C   Gefäß, in dem Mörtel
angerührt wird

D   kleiner Trog

Honnen: Kappes, Knies und Klüngel, S. 43.

kann man in einem *Back* nicht.

man kann Dinge in einem *Back* transportieren. Nur *backen*

nisstrafe verurteilt. Man kann Mörtel in einem *Back* anrühren,

Wenn jemand im *Back* sitzt, dann wurde er zu einer Gefäng-

Antwort B

Flottikowski oder flottikowski

Entscheiden Sie, ob es mit einem großen *F* oder kleinen *f* zu schreiben ist. Was ist es für ein Wort?

A| ein Substantiv, Bedeutung ‚flotte Frau': Da kommt abber eine Flottikowski.

B| ein Familienname, ähnlich wie Tilkowski oder Splonskowski

C| ein Adverb, Bedeutung ‚flott': Jetz komm abber, un zwar flottikowski!

D| ein Substantiv, Bedeutung ‚Durchfall': Ich habb en Flottikowski.

ILR-Sprachfragebogen 7 (2002).

hängt.

fremdsprachig klingende Endung *(-ikato, -ikowski)* ange-

schikato: An das einheimische Wort *(futsch, flott)* wird eine

-*tut* wie das Adverb: *flottikowski* wird gebildet wie *fut-*

Richtig ist das Adverb; *flottikowski* wird gebildet wie *fut-*

Antwort C

49

erfundenes Wort

Welches der Wörter gehört nicht an den Niederrhein?

A **Süllekes**

B **Äutekes**

C **Öppakes**

D **Ömmakes**

„Der Niederrhein und sein Deutsch", S. 33.

kleine Flaschen.

ne) Opas bzw. Omas. *Süllekes* ist erfunden; *Püllekes* waren

Äutekes sind kleine Autos, *Öppakes* und *Ömmakes* sind (klei-

Antwort A

schlittern (auf dem Eis gleiten)

In Voerde (zwischen Wesel und Oberhausen) kennt man dafür *schlindern*. Welches Wort wird dort außerdem benutzt? (Jugendliche ausgeklammert.)

A **schlibbern**

B **schliddern**

C **schlittern**

D **litschen**

selten gebraucht

Welches der vier Wörter wird in Kerken (zwischen Geldern und Krefeld gelegen) von Erwachsenen am seltensten gebraucht?

A   I-Männchen

B   I-Männeken

C   I-Dötzchen

D   I-Dötzken

„Der Niederrhein und sein Deutsch", S. 72.

Siehe auch Frage 33.

I-Dötzchen am häufigsten angekreuzt.

rhein haben die erwachsenen Gewährsleute *I-Dötzken* und

gen von 2005 wurde nach ‚Erstklässler' gefragt. Am Nieder-

I-Männchen lautet die Antwort. Auf dem ILR-Sprachfragebo-

Antwort A

Ist der Ball dir?

Auf einem Sprachfragebogen des Jahres 2000 ist der Satz *Ist der Ball dir?* angeboten worden. Im Kreis Wesel wurden insgesamt 24 Bögen ausgefüllt. Wie oft wurde dieser Satz angekreuzt (also bestätigt)?

A einmal

B viermal

C siebenmal

D zehnmal

Nur einmal wurde der Satz angekreuzt. Diese Frageformulie-
rung ist weiter südlich im Rheinland beheimatet.

ILR-Sprachfragebogen 6 (2000).

Antwort A

Provinz

Wenn spöttisch zum Ausdruck gebracht werden soll, dass jemand aus einem unbedeutenden Dorf in der Provinz stammt, dann sagt man am Niederrhein, er komme aus ...?

A   **Hinterpumuckel**

B   **Pusemuckel**

C   **Kleinsiestenich**

D   **Hinterpfupfingen**

Antwort B

Weitere Varianten im deutschen Sprachraum sind *Posemuckel, Hintertupfingen, Kleinkleckersdorf, Buxtehude* und andere mehr. *Pusemuckel* ist das niederrheinische Wort.

Elspaß/Möller: Atlas zur deutschen Alltagssprache, zweite Runde.

Antwort B

Die Aussprache *Jummi, Jans, Jott* ist im Süden beheimatet. Auf dem ILR-Sprachfragebogen von 2005 kreuzten im Kreis Viersen 96 Prozent der älteren Gewährsleute (über 64 Jahre) *Jummi* an.

ILR-Sprachfragebogen 8 (2005).

Frage 45

Jummi

Wo ist die Aussprache *Jummi* für ‚Gummi' vergleichsweise am häufigsten zu hören?

A im Kreis Wesel

B im Kreis Viersen

C im Kreis Kleve

D in Duisburg

bissken

Auf einem Fragebogen wurde nach der Verkleinerungsform *bissken* gefragt. In Krefeld kreuzten sie 56 Prozent der älteren Gewährsleute (über 64 Jahre alt) an. Wie hoch lag die Zahl der Ja-Kreuzchen bei den Jugendlichen?

A **56 Prozent**

B **32 Prozent**

C **19 Prozent**

D **5 Prozent**

"Der Niederrhein und sein Deutsch", S. 142.

gendlichen Gewährspersonen.

nutzt; in Krefeld lag die Zustimmung bei 19 Prozent der ju-

Von Jugendlichen wird *bissken* offenbar nur noch selten be-

Antwort C

jemanden hänseln

Welches Wort mit dieser Bedeutung ist am Niederrhein ungebräuchlich?

A **ärgern**

B **hänseln**

C **tratzen**

D **triezen**

Eichhoff: Wortatlas der deutschen Umgangssprachen 3, Karte 36.

Niederrhein nicht verwendet.

In Bayern und Österreich sagt man *tratzen*; das Wort wird am

Antwort C

tschö

Am Niederrhein werden die Abschiedsgrüße *tschüss* und *tschö* gebraucht. In welchem Kreis bzw. in welcher Stadt ist *tschö* vergleichsweise am seltensten zu hören?

A **Kreis Kleve**

B **Oberhausen**

C **Krefeld**

D **Mönchengladbach**

„tschüssi, tschö und tschautschau".
„Der Niederrhein und sein Deutsch", S. 150.
ILR-Sprachfragebogen 6 (2000).
Siehe auch Fragen 1 und 75.
Vom Süden her hat sich *tschö* am Niederrhein ausgebreitet.

Antwort B

kein niederrheinisches Deutsch

Welcher dieser Sätze ist kein niederrheinisches Deutsch?

A | **Komma hier kucken!**

B | **Ek hebb nex gesiehn.**

C | **Willze noch wat haben?**

D | **Tuste heute hier schlafen?**

Ischabb nix jesehn lauten.
te im regionalen Deutsch etwa *Ich habb nix gesehn* oder
Der zweite Satz gehört zum niederrheinischen Platt; er könn-

Antwort B

haste

Auf einem Fragebogen von 2005 ist nach den Varianten *has-te* und *hasse* für ‚hast du' gefragt worden. In Krefeld überwog die Form *haste* in einer der vier Altersgruppen. Welche war es?

A 65 Jahre und älter

B zwischen 45 und 64 Jahren

C zwischen 25 und 44 Jahren

D zwischen 16 und 24 Jahren

„Der Niederrhein und sein Deutsch", S. 28.
Deutsch entsprechend zu *haste*.
schen, die noch Dialekt sprechen, tendieren im regionalen
der Dialekt *hasse* häufiger vorkommt als *haste*. (Ältere) Men-
Es war die älteste Gruppe, vermutlich deshalb, weil im Krefel-

Antwort A

beim Spiel betrügen

Es gibt am Niederrhein verschiedene Wörter für ‚beim Spiel betrügen‘. Welches der folgenden Wörter ist erfunden?

A   **fullen**

B   **fuddeln**

C   **fudeln**

D   **fuschen**

Honnen: Kappes, Knies und Klüngel, S. 84–86.

Das erste Wort ist frei erfunden.

Antwort A

unwahrscheinliche Sätze

Welchen der Sätze wird man am Niederrhein kaum je zu hören bekommen?

A Die hat sich widder
   einbekommen.

B Die hat sich widder
   einjekrischt.

C Die hat sich wieder
   eingekricht.

D Die hat sisch widder
   eingekrischt.

„Der Niederrhein und sein Deutsch", S. 54.

„Übersetzung", von *sich einkriegen*, sich beruhigen'.

sich einbekommen gibt's nicht, höchstens als überkorrekte

Antwort A

fegen/kehren

Es geht um *fegen* und *kehren*. Wo sagt man in dem Satz *Du muss draußen noch ...* eher *kehren* als *fegen*?

A   in Duisburg

B   in Emmerich

C   in Korschenbroich

D   in Xanten

„Der Niederrhein und sein Deutsch", S. 105.

Von Nord nach Süd nimmt *kehren* zu. Also wird in Korschen-broich weniger *gefegt* als in den drei anderen Orten.

Antwort C

Fußball spielen (außerhalb des Vereins)

Kinder ‚spielen (außerhalb eines Vereins: auf der Straße, auf dem Schulhof) Fußball': Welche der Bezeichnungen dafür ist am Niederrhein ungebräuchlich?

A knödeln

B kicken

C bolzen

D pöhlen

Eichhoff: Wortatlas der deutschen Umgangssprachen 3, Karte 30.

am Niederrhein *gekickt*, *gebolzt* und *gepöhlt* wird.

Im Raum Berlin-Brandenburg sagt man *knödeln*, während

Antwort A

f- oder pf-

Welches der Wörter, die am Niederrhein alle mit *f-* ausgesprochen werden, muss im Hochdeutschen auch mit *f-* bzw.
F- geschrieben werden?

A **Pflaume**

B **Pfurz**

C **Pfusch**

D **pfriemeln**

„Der Niederrhein und sein Deutsch", S. 49.

pfriemeln richtig. *Furz* tanzt aus der Reihe.

In der Schriftsprache ist neben *Pflaume* und *Pfusch* auch

Antwort B

Knäppchen

Die Verkleinerung *Knäppchen* geht auf das Dialektwort *Knapp* oder *Knabbe* zurück. Neben *Knäppchen* ist in der regionalen Umgangssprache auch *Knäppken* zu hören. Was ist ein *Knäppchen*?

A ein kleiner Knopf

B ein Tischtennisball

C das Endstück eines Brots

D ein kleines, mickriges Exemplar

Antwort C

Die ursprüngliche Bedeutung von *Knapp* oder *Knabbe* ist ‚dickes Stück‘ oder ‚großes Exemplar‘. Am Niederrhein bezeichnet *Knäppchen* das Endstück eines Brots. Daneben kennt man hier Bezeichnungen wie *Mädchsken*, *Körstken* oder *Krüstchen*.

ILR-Sprachfragebogen 10 (2012).
Eichhoff: Wortatlas der deutschen Umgangssprachen 2, Karte 57.
Honnen: Kappes, Knies und Klüngel, S. 115.

(Schul-)Tornister

In Köln bekommen die Kinder zur Einschulung ihren ersten *Ranzen* oder *Schulranzen*. Das alte niederrheinische Wort dafür ist *Tornister* oder *Schultornister*. Aber man sagt hier heute auch schon *Ranzen*. Wie viel Prozent der Jugendlichen im Kreis Kleve kreuzten auf einem Sprachfragebogen den *(Schul-)Tornister* an?

A   **30 Prozent**

B   **45 Prozent**

C   **60 Prozent**

D   **75 Prozent**

Antwort D

Es waren erstaunlich viele junge Leute, geboren zwischen 1988 und 1996, die *Tornister* bestätigten. Gesprochen wird oft *Tonnister;* daraus hat sich in der Schülersprache am Niederrhein längst die *Tonne* entwickelt.

ILR-Sprachfragebogen 10 (2012).
Eichhoff: Wortatlas der deutschen Umgangssprachen 2, Karte 88.
Elspaß/Möller: Atlas zur deutschen Alltagssprache, Pilotprojekt.

warme Hausschuhe

Auf einem ILR-Sprachfragebogen war ein Foto zu sehen, das ein Paar warme, hinten offene Hausschuhe zeigte. Welche der Bezeichnungen (alle in der Mehrzahlform) wurde in Mönchengladbach öfter angekreuzt als alle anderen zusammen?

A Puschen

B Schlappen

C Schluffen

D Schluppen

In Mönchengladbach ist *Schluppen* das Normalwort für diesen Typ von Hausschuhen, im Dialekt sagt man dort *Schluppe*. Außer den vier genannten Bezeichnungen ist im Mönchengladbacher Regiolekt noch *Pantöffeln* zu hören.

ILR-Sprachfragebogen 10 (2012).
Eichhoff: Wortatlas der deutschen Umgangssprachen 4, Karte 8.
Elspaß/Möller: Atlas zur deutschen Alltagssprache, siebte Runde.

Antwort D

68

Essensreste

Früher wurde den Kindern gesagt, der Teller (bzw. das, was der Nachwuchs sich *aufgeschöppt* hatte) sei aufzuessen. ‚Essensreste' waren entsprechend verpönt. In Fragebögen aus Krefeld wurden verschiedene Regiolektwörter für solche Reste genannt. Welches ist in Krefeld aber fehl am Platze?

A Kötzen

B Otzen

C Ötz

D Urz

‚‚Zwischen Köttelbecke und Ruhr", S. 75.

ILR-Sprachfragebogen 10 (2012).

Werden gebraucht wird.

zen wurde in Krefeld nicht genannt, ein Wort, das so in Essen-

oder *dat Geött* und andere Bezeichnungen zu erwarten. *Köt-*

Wortfamilie. Am Niederrhein wären auch noch *Otter, Ötten*

Vermutlich gehören alle vier Bezeichnungen zu derselben

***Antwort* A**

Ömmelkes

In der Stadt Willich (Kreis Viersen) kennt man als Bezeichnung für ‚Murmeln' unter anderem *Ömmelkes* (oder auch *Ommele*). Welcher Altersgruppe ist dieses Wort besonders vertraut?

A **den vor 1948 Geborenen**

B **den zwischen 1948 und 1967 Geborenen**

C **den zwischen 1968 und 1987 Geborenen**

D **den nach 1987 Geborenen**

„Der Niederrhein und sein Deutsch", S. 137.
ILR-Sprachfragebogen 10 (2012).
Knicker und *Klicker*.
von *Murmeln*. Im Raum Willich kennt man übrigens auch
den älteren EinwohnerInnen genannt. Junge Leute sprechen
nen Fragebogen aus. *Ömmelkes* (oder *Ommele*) wurden von
Insgesamt 42 Menschen aus Willich füllten im Jahr 2012 ei-

***Antwort* A und B**

Hubbel (Mehrzahl)

Eine Bodenunebenheit nennt man am Niederrhein *Hubbel*,
ein Weg kann *hubbelig* sein. Jetzt geht es um die Mehrzahlform. Welche Variante ist gebräuchlich?

A **mehrere Hubbel**

B **mehrere Hübbel**

C **mehrere Hubbeln**

D **mehrere Hubbels**

Honnen: Kappes, Knies und Klüngel, S. 95.
ILR-Sprachfragebogen 10 (2012).
rhein *Huckel* und *huckelig* zu hören.
falls vorkommen. Neben *Hubbel* und *hubbelig* ist am Nieder-
gebräuchlich. *Hübbel* und *Hubbeln* können individuell eben-
Hubbel und *Hubbels* sind als Mehrzahlformen in der Region

***Antwort** A und D*

Kriesch (Krieg)

Das schriftsprachliche Wort ‚Krieg' lässt sich *Kriek* oder *Kriech* aussprechen. Für den Niederrhein ist als dritte Artikulationsvariante aber noch *Kriesch* (mit *sch* wie in *Fisch* oder doch so ähnlich) zu berücksichtigen. Wo ist diese Variante vergleichsweise häufig zu hören?

A **im Kreis Wesel**

B **im Kreis Kleve**

C **in Duisburg**

D **im Kreis Viersen**

Antwort D

Das Phänomen, dass anstelle des *ich*-Lauts ein *sch* ein oder *sch* ein *ich* des *ich*-Lauts ein *sch* oder dem *sch* ähnlicher Laut artikuliert wird *(isch, misch, kriesch)*, nennt die Sprachwissenschaft „Koronalisierung". Im Süden des Rheinlands ist sie stark vertreten.

ILR-Sprachfragebogen 9 (2011).
„Rheinisches Deutsch", S. 80.

SpaS

Die Rechtschreibreform hat sich intensiv mit dem *ß* befasst, das u. a. in den Wörtern *Fuß, Kuß, Faß* und *Spaß* vorkam. Wie ist das letztgenannte Nomen heute zu buchstabieren?

A **Spass (ß wurde durch ss ersetzt)**

B **Spaß/Spass (beide Schreibvarianten sind seitdem erlaubt)**

C **Spas (ß wurde zu s vereinfacht)**

D **Spaß (alte Schreibung ist geblieben)**

„Der Niederrhein und sein Deutsch", S. 24.

Spaß im Gegensatz zu *Kuss* und *Fass*.

fie ein *ß*, nach kurzem Laut wird ein *ss* daraus: Also *Fuß* und chen. Auf den Langvokal folgt auch in der neuen Orthograschreiben. Im Hochdeutschen ist jedoch ein langes *a* zu sprezem *a*, so dass man auf die Idee kommen könnte, *Spass* zu

Am Niederrhein neigt man bei *Spaß* zur Aussprache mit kur

Antwort D

-kes

Welches der vier Wörter gehört nicht auf diese, sondern auf eine ganz andere Liste?

A   ebbkes

B   Heynckes

C   knäppkes

D   tschüsskes

Antwort B

Heynckes ist ein Familienname, während die anderen Wörter zum allgemeinen Wortschatz gehören: *ebbkes* bedeutet ‚eben, kurz' (*Komma ebbkes!*), *knäppkes* meint ‚(allzu) knapp', und *tschüsskes* ist eine regionale Version des Abschiedsgrußes.

Siehe auch Fragen 1, 35, 40, 46 und 75.

„Der Niederrhein und sein Deutsch", S. 18.
Honnen: Kappes, Knies und Klüngel, S. 107–109.

pupsatt

Wenn sich ein Niederrheiner beim Essen schwer ins Zeug ge-
legt hat, ist er im Anschluss *pupsatt* (oder *pappsatt*). Bleiben
wir bei *pupsatt*: Welche Bedeutungsangabe ist im Recht-
schreibwörterbuch aus dem Hause Duden für dieses Stichwort zu finden?

A ‚sehr satt'

B ‚vollgefressen'

C ‚dasselbe wie pappsatt'

D (das Stichwort gibt es gar
     nicht)

Duden. Die deutsche Rechtschreibung, S. 798.
ILR-Sprachfragebögen 8 (2005), 10 (2012).

Antwort D

pupsatt wurde nicht ins Wörterbuch aufgenommen, wohl
aber *pappsatt*. Am Niederrhein sind beide Wörter in der Umgangssprache absolut üblich. Ob sie nun ‚vollständig gesät-
tigt' oder eher ‚vollgefressen' bedeuten, entscheidet sich von
Fall zu Fall.

„Ich verwarne Ihnen!"

Im Jahr 1965 flog Willi „Ente" Lippens während eines Fußballspiels vom Platz. Grund dafür war ein kurzer, aus zwei Sätzen bestehender Dialog. Der Schiedsrichter zu Lippens: „Ich verwarne Ihnen!" Die Erwiderung darauf hatte für Lippens den Platzverweis zur Folge. Was hat er gesagt?

A „Und ein Ei vom Konsum!"

B „Sie mich auch mal!"

C „Ich danke Sie!"

D „Damit bin ich geholfen!"

Antwort C

Willi Lippens, der damals für Rot-Weiß Essen spielte, stammt aus Kleve, ihm sind solche Fallverwechslungen deshalb bestens vertraut. Seine Replik wurde vom Schiedsrichter als Beleidigung gewertet.

„Der Niederrhein und sein Deutsch", S. 128/129.

Wortgeschlechter

Gulasch: Heißt es nun *der* oder *das Gulasch*? Im Hochdeutschen ist beides möglich, ebenso wie bei *der* und *das Joghurt*. Auch im Niederrheinischen gibt es Nomen mit zwei Wortgeschlechtern. Welches der vier Wörter gehört zu dieser Gruppe?

A **Apfel**

B **Banane**

C **Birne**

D **Pfirsich**

„Der Niederrhein und sein Deutsch", S. 93.
ILR-Befragung in Wesel (2008).
Siehe auch Fragen 55 und 62.
lautet in der Regel allerdings *Firsich* oder auch *Firsich*.
die Pfirsich zu hören, ein Erbe des Dialekts. Die Aussprache
Am Niederrhein ist neben *der Pfirsich* (so im Hochdeutschen)

Antwort D

Nachthemd

Im Rahmen einer Fragebogenerhebung schickte eine Gocherin eine Extrawortliste ans ILR in Bonn. Darauf waren u. a. zu finden: *Gedrüss, Fitütten, Pönneken* und *Schöpper*. Eins dieser Wörter ist eine alte Bezeichnung für das ‚Nachthemd' – aber welches?

A **Gedrüss**

B **Fitütten**

C **Pönneken**

D **Schöpper**

„Der Niederrhein und sein Deutsch", S. 136.

drüss ‚Lärm', *Fitütten* ‚Macken' und *Schöpper* ‚Suppenkelle'.
Die übrigen Übersetzungen auf der Liste aus Goch lauten: *Ge-*

Antwort C

Klasfrau

„Mutter, wie es et met en däftige Klasfrau?" Das fragt ein Junge seine Mutter in einem Text aus dem Jahr 1932, in dem die Beteiligten ein stark regional gefärbtes Hochdeutsch sprechen. Wer oder was ist mit *Klasfrau* in dieser Geschichte der Krefelderin Clara Wansleben gemeint?

A **eine Frau, die Glas (Altglas) sammelt**

B **ein Weckmann in weiblicher Gestalt**

C **eine Ehefrau, deren Mann Klasen heißt**

D **eine „Klassefrau"**

Antwort *B*

Der *Weckmann* wurde früher im Dialekt auch *kloskerl* (‚Ni-kolauskerl') genannt. Damals buk man auch Gebildbrote, die aussahen wie eine Frau im Rock oder im Kleid: das war die *klosfrau*, daraus konnte dann die *klasfrau* werden. – Übrigens wird ‚Glas' im Dialekt Krefelds *Jlas* ausgesprochen.

Siehe auch Fragen 2, 17 und 45.

„Rheinisches Deutsch", S. 57.

„Weckmann kontra Stutenkerl".

plästern (1)

Wenn es *plästert,* sollte man nicht ohne Schirm oder regen-
feste Kleidung vor die Tür gehen. Im aktuellen Rechtschreib-
Duden ist *plästern* verzeichnet. Welche Angabe zum Verbrei-
tungsgebiet dieses Wortes wird dort gemacht?

Ⓐ   rheinisch und westfälisch

Ⓑ   niederrheinisch

Ⓒ   entlang der Niers

Ⓓ   norddeutsch

Antwort A

Unter den Wörtern, die mit *p* beginnen, gibt es im Duden einen anderen Fall mit derselben regionalen Markierung: *Pütt*
‚Bergwerk'. Als Bedeutung von *plästern* wird ‚in dicken Trop-
fen regnen' genannt.

Duden. Die deutsche Rechtschreibung, S. 829, 860.

plästern (2)

Im Juni 2013 wurden SchülerInnen eines Gymnasiums in Dinslaken-Hiesfeld zu ihrer Sprachkompetenz und ihrer Sprachwahl befragt. Es ging u. a. um die Verben *döppen, knibbeln, schlindern* und *plästern.* Wie viele Jugendliche gaben zu Protokoll, *plästern* selbst zu benutzen?

A **21 Prozent**

B **41 Prozent**

C **61 Prozent**

D **81 Prozent**

ILR-Befragung in Dinslaken-Hiesfeld (2013).

der am *plästern is.*

häufig das Verb *schütten,* wenn es am Niederrhein mal wie-

gebrauch. Im Alltag verwenden die jungen Leute allerdings

zent meinten, *plästern* gehöre auch zu ihrem Sprach-

Etwa 84 Prozent der jungen Leute kannten das Wort. 61 Pro-

Antwort C

Samstag

In den Dialekten des nördlichen Niederrheins lautet der
Name für den letzten Werktag einer Woche *Soterdag* (manchmal auch *Sotendag*; gesprochen mit langem offenen o). Ob
man dieses Wort auch im Rechtschreib-Duden findet?

A ja, und zwar als „Satertag"

B ja, und zwar als „Sathertag"

C ja, und zwar als „Sotertag"

D nein, weil es ja ein Dialektwort ist

Elspaß/Möller: Atlas zur deutschen Alltagssprache. Pilotprojekt.
Eichhoff: Wortatlas der deutschen Umgangssprachen 1, Karte 41.
Duden. Die deutsche Rechtschreibung, S. 918, 922, 993.

in der Regel *Samstag* gesprochen.
dag kennt, benutzt im Regiolekt die Bezeichnung *Samstag*,
Niederrhein den Dialekt beherrscht und deshalb den *Soter-*
net, allerdings nur für Westfalen und Ostfriesland. – Wer am
Neben *Samstag* und *Sonnabend* ist auch *Satertag* verzeich-

Antwort A

Panhas

Manche mögen ihn, manche nicht – den *Panhas*. Heute ist er wohl nur noch selten zu bekommen. Man spricht *Pánnas*, geschrieben wird er meist *Panhas*. Wie ist dieses niederrheinische Wort, auf das man am ehesten noch beim Metzger stößt, zu erklären?

A **Pfannen-Hast (weil sie so viel zu tun hat)**

B **Pfannen-Harst**

C **Pfannen-Hase**

D **Pfannen-Häsin (französisch hase ‚Häsin')**

Honnen: Alles Kokolores, S. 157–159.
war, nennt man in Westfalen *Pottharst*.
heißen konnte. – Was nicht in der *Pfanne*, sondern im *Pott*
tag, das im niederrheinischen Dialekt auch *Balkenbreg* u. a.
zurück. *Panhas* war mal ein typisches Gericht am Schlacht-
Die zweite Silbe geht auf westfälisch *Harst* (‚Geschmortes')

Antwort B

Teilchen

Im „Wahrig", einem großen Wörterbuch der deutschen Sprache, finden sich verschiedene Erläuterungen zum Stichwort *Teilchen*. Eine der vier aufgelisteten Angaben fehlt dort allerdings – welche?

A **Atom**

B **Gebäckstück**

C **kleinster Bestandteil der Materie**

D **sehr kleines Teilstück**

Antwort *B*

Ein Rheinländer, zu Besuch in Norddeutschland, deutete in einer Bäckerei auf die Auslage und bestellte „Teilchen". Die Verkäuferin nahm daraufhin die Gebäckstücke kritisch in Augenschein und meinte: „Sie haben recht, die sind wirklich etwas klein geraten." – Anderswo in Deutschland sagt man *Kaffeestückchen, süße Stücke* oder auch *Plunder.*

„Rheinisches Deutsch", S. 82.
Elspaß/Möller: Atlas zur deutschen Alltagssprache, siebte Runde.

Abschiedsgrüße (2)

Auf dem ILR-Fragebogen 10 (2012) wurde nach regionalen Abschiedsgrüßen gefragt, dabei ging es u. a. um die Varianten *tschüssi, tschüsskes, tschökes, tschötschö, tschaui* und *tschautschau.* Welche dieser Spielformen wurde in Düsseldorf am häufigsten bestätigt?

A tschüsskes

B tschökes

C tschötschö

D tschaui

"Der Niederrhein und sein Deutsch", S. 149/150.

ILR-Sprachfragebogen 10 (2012).

Siehe die Fragen 1, 35, 40, 46, 48, 60 und 64.

gut und *bis bald.*

aus der Landeshauptstadt war zu finden: *Hau rein, mach's* noch *baba* und *bis denne (dann).* Auf anderen Fragebögen le *tschüss, tschö* und *tschau* hinzu und ergänzte tschüss- für den eigenen Sprachgebrauch an, fügte an anderer Stel-

Einer der Düsseldorfer kreuzte *tschökes* und *tschautschau*

Antwort B

Literatur

Cornelissen, Georg: Rheinisches Deutsch. Wer spricht wie mit wem und warum. 2. Aufl. Köln 2005.

ders.: Weckmann kontra Stutenkerl. Sprachliche Verdrängungswettbewerbe im Rheinland. In: Wir im Rheinland 2006, Heft 2, S. 6–14.

ders.: Zwischen Köttelbecke und Ruhr. Wie spricht Essen? Unter Mitarbeit von Hanna Mengen. Essen 2010.

ders.: *tschüssi, tschö* und *tschautschau*. Zu drei Fragen des ILR-Fragebogens 10 (2012). In: Alltag im Rheinland 2012, S. 94–101.

ders.: Der Niederrhein und sein Deutsch. Sprechen tun et fast alle. 4. Aufl. Köln 2014.

Duden. Die deutsche Rechtschreibung. Hrsg. von der Dudenredaktion. Auf der Grundlage der aktuellen amtlichen Rechtschreibregeln. 26., völlig neu bearbeitete und erweiterte Aufl. (Duden, Band 1). Berlin, Mannheim, Zürich 2013.

Eichhoff, Jürgen: Wortatlas der deutschen Umgangssprachen. Band 1–4. Bern, München 1977, 1978, 1993, 2000.

Elspaß, Stephan/Möller, Robert: Atlas zur deutschen Alltagssprache (AdA). www.atlas-alltagssprache.de

Eumann, Stephanie: Plümmo. Ein Lehnwort auf Abwegen. In: Wir im Rheinland 2008, Heft 1–2, S. 14–18.

Honnen, Peter: Alles Kokolores. Wörter und Wortgeschichten aus dem Rheinland. 4. Aufl. Köln 2012.

ders.: Kappes, Knies und Klüngel. Regionalwörterbuch des Rheinlands. 7., überarbeitete und erweiterte Aufl. Köln 2012.

Möller, Robert: Das rheinische *tschö*. In: Rheinische Vierteljahrsblätter 67, 2000, S. 333–339.

Rheinisches Mitmachwörterbuch. www.mitmachwoerterbuch.lvr.de

Zehetner, Ludwig: Bairisches Deutsch. Lexikon der deutschen Sprache in Altbayern. 3. Aufl. Regensburg 2005.